NOTES HISTORIQUES

SUR

LE VOYAGE DE NAPOLÉON IER

ET DE MARIE-LOUISE

DANS LES PROVINCES DU BRABANT ET DE LA ZÉLANDE

EN 1810

PAR

M. GŸSBERTI HODENPŸL

(Extrait du *Bulletin historique et philologique*, 1901)

PARIS

IMPRIMERIE NATIONALE

MDCCCCII

NOTES HISTORIQUES

SUR

LE VOYAGE DE NAPOLÉON IER

ET DE MARIE-LOUISE

DANS LES PROVINCES DU BRABANT ET DE LA ZÉLANDE

EN 1810

PAR

M. GŸSBERTI HODENPŸL

(Extrait du *Bulletin historique et philologique*, 1901)

PARIS

IMPRIMERIE NATIONALE

—

MDCCCCII

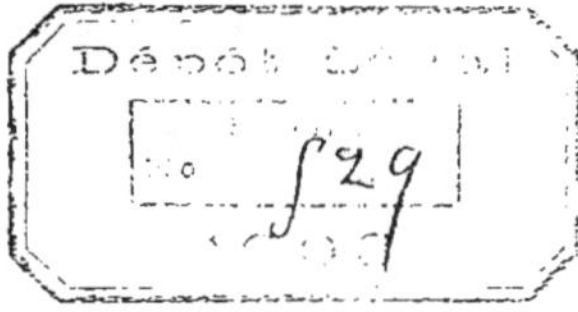

NOTES HISTORIQUES

SUR

LE VOYAGE DE NAPOLÉON IER

ET DE MARIE-LOUISE

DANS LES PROVINCES DU BRABANT ET DE LA ZÉLANDE

EN 1810 [1].

Napoléon et Marie-Louise quittèrent Compiègne le 27 avril 1810, à 7 heures du matin, pour aller faire dans plusieurs départements du Nord un voyage.

Dans leur suite figuraient : le grand-duc de Wurzbourg, frère de l'Empereur d'Autriche, la reine de Naples (Caroline Murat), le roi et la reine de Westphalie (Jérôme Bonaparte), le prince Eugène de Beauharnais, le prince de Schwarzenberg et le comte de Metternich.

Dans la même journée de leur départ, l'Empereur et l'Impératrice arrivèrent à Saint-Quentin. Le 30 avril, on s'embarqua pour Anvers, où le séjour fut de cinq jours.

Quand Napoléon proposa à Marie-Louise de l'attendre à Anvers pendant la tournée qu'il allait faire dans les îles de la Zélande, elle le pria de l'emmener, sans qu'il eût à craindre pour elle la fatigue du voyage. Napoléon partit donc avec elle pour visiter Bréda, Bois-le-Duc, Bergen-op-Zoom, Middelbourg et Flessingue. Partis d'Anvers le 6 mai, à 6 heures du matin, l'Empereur et l'Impératrice sont arrivés à 3 heures à Bréda [2].

Dans cette ville, l'Empereur fit une scène violente à la députation du clergé, qu'il savait lui être hostile.

L'ancien pasteur de l'Église wallonne, M. Villepois, a rédigé une « Note historique de ce qui s'est passé à l'audience que S. M. I. et

[1] Notes empruntées aux archives des villes de Bréda et de Middelbourg.
[2] Voir l'Appendice.

M. Gysberti Hodenpyl.   1 .

R. a donnée à Bréda, dans la salle du Barreau de la Cour de justice, le 6 mai 1810 [1] » :

L'Empereur, tenant par la main l'Impératrice et suivi de L. L. M. le Roi et la Reine de Westphalie, de S. M. I. et R. le prince Eugène, vice-roi d'Italie, qui conduisait la Duchesse de Montebello, dame du palais, entra dans la salle du Barreau, où les dignitaires de l'Empire étaient présents; savoir : S. A. le prince de Neufchâtel et Wagram, le ministre secrétaire d'état duc de Bassano, les maréchaux ducs d'Istrie et de Rovigo et de Frioul, le comte de Montalivet, ministre de l'Intérieur, le comte de Bondi, chambellan de service; le marquis d'Argençon, préfet des Deux-Nethes [2]; une dame du palais, une dame d'atour, et quelques autres seigneurs de la cour impériale. La cour de justice du département, le tribunal criminel, les échevins, le clergé catholique (qui n'était pas en costume), les pasteurs des églises réformées (qui par ordre du gouvernement étaient en costume), les consistoires protestants étaient rangés en cercle. Hors de l'enceinte du Barreau, il y avait quelques autres collèges et plusieurs autres personnes. L'Impératrice s'assit et l'Empereur fit sur-le-champ le tour, dit au Président de la Cour : «Vous êtes le Président de la Cour d'appel?» A quoi il répondit : «Oui, sire. — A combien de membres êtes-vous? — A neuf, Sire. — Et combien y a-t-il dans votre juridiction? — 400,000, Sire. — Où appelle-t-on de vos sentences? — A Amsterdam, Sire.» Puis, montrant du doigt les différents collèges, S. M. dit : «Vous êtes le tribunal de l'instance? vous le tribunal de commerce? vous le clergé?» et s'arrêta devant le vicaire, qui tenant sa harangue en main, prononça son compliment. L'Empereur, sans lui répondre, dit : «Où sont les ministres protestans?» Alors M. ten Oeven, pasteur de l'Église wallonne [portant la robe] à la tête de tout le clergé protestant et de tous les consistoires, fut présenté à l'Empereur par le prince de Neufchâtel et après les inclinations ordinaires, il adressa à S. M. la harangue suivante :

«Sire. Le clergé et les députés des églises réformées et protestantes ont l'honneur de présenter à V. M. I. et R. leurs hommages respectueux. Les maximes des protestants, qui par le concours des événements sont devenus de nouveaux sujets de votre immense empire, leurs maximes invariables sont d'adorer dans tout ce qui arrive la main d'une sage et bonne Providence, et de rendre à César ce qui est à César, et je me fais un devoir, Sire, d'assurer V. M. I. et R. que nous pratiquons cet ordre : obéissez à vos souverains. Nous le savons, Sire, que jamais après la révocation de l'Édit de Nantes, les protestants n'ont joui en France de tant de privilèges que sous les auspices de V. M. I. et R. Cette conviction nous est le garant que nous

[1] M. Villepois qui a assisté à l'audience est mort depuis plusieurs années.

[2] Né en 1771, mort en 1842. Appelé en 1809 à la préfecture des Deux-Nethes.

participerons à la protection du grand souverain que Dieu nous a donné, et ce qu'il nous conservera les avantages dont nous avons joui jusqu'ici. Nous avons l'honneur de recommander tous nos intérêts à V. M. I. et R. Puissiez-vous, Sire, après avoir donné la paix au continent, après l'avoir établie solidement par votre auguste mariage, devenir le pacificateur de l'Europe entière, et nous en faire éprouver sous vos auspices les plus durables effets ! »

S. M. ayant écouté très attentivement cette harangue jusqu'à la fin, répondit : «C'est très bien, vous avez raison, je protège tous les cultes : les protestants en France jouissent des mêmes avantages que les catholiques, et il faut que dans ce département les catholiques jouissent des mêmes avantages que les protestants. Si vos églises sont trop grandes ou trop nombreuses, il faut les partager, parce que je veux une parfaite égalité entre tous les cultes ; il faut vivre en frères. » L'Empereur demanda à M. ten Oeven : «Pourquoi, Monsieur, êtes-vous ainsi habillé ? Vous êtes en costume ?» Sur quoi celui-ci répondit : «Sire, c'est un ordre.» L'Empereur l'interrompit et dit : «C'est bien, c'est une coutume des pays», et se tournant vers le clergé catholique, il demanda aux prêtres : «Pourquoi donc vous autres n'avez-vous pas la soutane ? Vous dites être des prêtres, mais qui êtes-vous ? des avocats ? des notaires, des procureurs, des paysans ? Quoi ! Je viens dans un département où la pluralité est composée de catholiques, qui ont été auparavant opprimés, qui ont obtenu après la Révolution plus de liberté, et encore plus d'avantages par le Roi mon frère et moi, je viens pour vous rendre tous égaux avec les autres, et cependant vous commencez par me manquer, vous présenter ainsi devant moi ! Le premier acte de souveraineté que j'ai dû exécuter, a été de faire arrêter ceux de vos curés réfractaires à Bois-le-Duc, même votre vicaire apostolique, je les ai emprisonnés, je les punirai, et la première parole que j'entends d'un ministre réformé est : Rendez à César, ce qui est à César. Voilà la doctrine que vous devez enseigner. Imbéciles ! prenez un exemple à ce monsieur [en montrant du doigt le ministre ten Oeven]. Connaissez-vous bien l'Évangile ? Pouvez-vous bien m'expliquer un texte ? Savez-vous lire ? Vous avez calomnié les protestants en les représentant comme des hommes qui enseignent des principes contraires aux droits du souverain. J'ai trouvé dans les protestants des fidèles sujets, j'en ai 6,000 à Paris et 600,000 dans mon empire, et il n'y en a aucun dont j'aie jamais eu raison de me plaindre ; je m'en sers dans mon palais, et je leur en permets l'entrée, et ici une poignée de Brabançons fanatiques voudraient s'opposer à mes desseins. Imbéciles que vous êtes ! Si je n'avais pas trouvé dans l'église gallicane et dans la doctrine de Benoît [1] des maximes analogues aux miennes et si le Concordat n'avait pas été accepté, je me serais fait protestant, et 30 millions de Français auraient suivi le lendemain mon exemple.

[1] Benoît XIV, pape de 1740 à 1756.

Mais, vous autres ignorants que vous êtes, quelle religion enseignez-vous? Connaissez vous bien les principes de l'Évangile? C'est de rendre à César ce qui appartient à César. Jésus-Christ a dit : mon règne n'est pas de ce monde, et le pape et vous autres vous voulez vous mêler des affaires de mon règne. Vous dites être vicaires apostoliques. Qui est-ce qui vous a établi? Est-ce le pape? Il n'en a pas le droit, c'est moi qui fais les évêques. Ignorants, vous ne voulez pas prier pour votre souverain; moi, je n'ai pas besoin de vos prières : quand je prie, je m'adresse moi-même à Dieu. Vous voulez être désobéissants? Oh! j'en porte les papiers en poche (en frappant sur sa poche), et si vous persistez dans de telles maximes, vous serez malheureux ici-bas et damnés dans l'autre monde.

«Les Anglais ont eu bien raison de se séparer de vous. Ce n'est ni Luther, ni Calvin, qui se sont séparés de l'Église, mais ce sont les princes allemands qui n'ont pas voulu se soumettre à votre joug fanatique. C'est l'infamie de vos indulgences qui les a soulevés, ce sont les papes qui par leur hiérarchie ont mis l'Europe à feu et à sang. Vous voudriez bien de nouveau élever des échafauds et des bûchers, mais je saurai y mettre ordre. Êtes-vous de la religion de Grégoire VII? Je n'en suis pas... Qui est Grégoire VII? Vous ne le savez pas. Êtes-vous de la religion de Boniface, de Benoit XIV, de Clément XII ou de votre pape? Je n'en suis pas. Je suis de la religion de Jésus-Christ qui a dit : «Rendez à César ce qui est à César», et suivant le même évangile, je rends à Dieu ce qui est à Dieu. Je porte le glaive temporel, j'ai reçu mon sceptre de Dieu. C'est Dieu qui élève les trônes; ce n'est pas moi, c'est Dieu qui m'a placé sur mon trône, et vous, vermisseaux de terre, voudriez-vous vous y opposer? Je ne dois rendre compte de ma conduite qu'à Dieu et à Jésus-Christ, et pas à un pape. Croyez-vous que je suis un homme à baiser la mule d'un pape? Bigots! si cela ne dépendait que de vous, vous me couperiez les oreilles, vous me couperiez les cheveux, vous me tondriez, vous me jetteriez dans un couvent, comme Louis le Débonnaire, ou me reléagueriez en Afrique. Oui, c'est par votre Évangile, que Jésus-Christ a établi le pape comme successeur de Saint-Pierre et qu'il a le droit d'excommunier les souverains; ne savez-vous donc pas que toutes les puissances viennent de Dieu? Si vous voulez aspirer à ma protection, suivez la doctrine de l'évangile, telle que les apôtres l'ont prêchée. Si vous êtes de bons citoyens, je vous protégerai; sinon, je vous chasserai de mon empire, je vous dissiperai comme des Juifs. Vous êtes sous l'évêque de Malines, présentez-vous devant votre évêque, faites-y votre confession, signez-y le Concordat, il vous fera connaître mes intentions; j'en établirai un autre à Bois-le-Duc pour ce district-là. — Y a-t-il ici un séminaire?» demanda l'Empereur, et sur la réponse affirmative, S. M. dit au préfet des Deux-Nèthes : «Monsieur, vous aurez soin que ceux-ci prêtent le serment sur le Concordat, allez visiter ce séminaire et faites que l'on y enseigne la pure doctrine de l'évangile, afin qu'il en sorte des hommes plus éclairés que ces imbéciles de Louvain ou l'on enseigne une doctrine bizarre; » puis, s'adressant de nouveau au clergé catholique : « Vous vous plaignez de l'oppression que vous avez souffert de l'ancien gouvernement de ce pays-ci, mais vous prouvez par votre conduite que vous l'avez mérité. A présent vous avez un prince catholique qui vient régner sur vous. Et vous, Monsieur le Préfet, vous arrangerez les affaires des églises d'une manière convenable, égale pour tous les cultes afin que je n'en entende plus parler. »

Puis S. M. prit l'Impératrice par la main, s'en alla avec elle vers quelques jeunes demoiselles qui étaient hors du Barreau, qui présentèrent à l'Impératrice un bouquet de fleurs et firent leur compliment par la bouche de mad^lle de Rooy l'aînée à L. M. Sur quoi la duchesse de Montebello lui offrit un anneau renfermé dans une boîte, et alors L. L. M. M. entrèrent dans leur voiture attelée de 10 chevaux, et conduits jusqu'à la fin de la chaussée par la garde d'honneur, passèrent avec leur suite à Bois-le-Duc.

L'Empereur et l'Impératrice partirent de Bréda à cinq heures, et ils arrivèrent à Bois-le-Duc à dix heures et demie du soir.

Le lendemain à dix heures l'Empereur avait admis à son audience l'état-major, une députation des différents arrondissements du département du Brabant, présidée par M. de la Court, ancien landdrost, le tribunal criminel, le tribunal civil, le préfet, les assesseurs et les chefs des différentes administrations, le clergé catholique et le ministre du culte réformé, le maire et le corps municipal.

Après l'audience, l'Empereur monta à cheval et visita en détail les établissements et les fortifications de la place.

Le départ des souverains de Bois-le-Duc pour la Zélande eut lieu, le lendemain 8 mai, à sept heures du matin. Napoléon se montra dans sa marche à la place de Geertruidenberg et arriva à Bergen-op-Zoom au soir. Le 9, à quatre heures du matin, il visita les fortifications et parcourut à cheval les dehors de Bergen-op-Zoom. A sept heures du soir les souverains s'embarquaient avec toute leur cour et vinrent prendre terre dans le Sud-Beveland. Ils montèrent en voiture, passèrent par la ville de Goes et traversèrent le Sud-Beveland pour se rendre au bord du Sloe, qui sépare cette île de Walcheren. Ils se rendirent à bord des embarcations qui avaient été préparées et descendirent à 4 heures et demie après midi à l'entrée du canal de Middelbourg près du fort Rammekens.

L'Empereur monta à cheval pour aller visiter le port et la place de Flessingue. L'Impératrice se rendit directement à Middelbourg, où l'Empereur entra quelques heures plus tard. Près de la limite de Middelbourg se trouva le corps municipal avec le maire dans l'attente de remettre les clefs de la ville à l'Empereur. A sept heures et demie du soir l'Empereur arriva devant l'arc de triomphe élevé près de la ville, et le maire complimenta alors Napoléon de son heureuse arrivée et lui remit les clefs. Aussitôt l'Empereur lui dit d'un ton brusque : «Je ne veux pas de vos clefs. Est-ce vous qui avez remis les clefs aux Anglais à leur entrée et avez fait illuminer la ville [1]?

LE MAIRE. Sire, les clefs n'ont jamais été remises aux Anglais, ni la ville a été illuminée.

L'EMPEREUR. Qui êtes-vous?

LE MAIRE. Sire, je m'appelle Schorer.

L'EMPEREUR. Que faites-vous?

LE MAIRE. Je fais les fonctions de maire.

L'EMPEREUR. Le maire est un scélérat, il sera sévèrement puni.

L'Empereur éperonna son cheval et entra dans la ville. Le général Gilly, commandant des places fortes de la Zélande, qui était dans la suite de l'Empereur, s'empressa d'accourir au-devant de la foule en s'écriant : «L'Empereur arrive, criez donc : Vive l'Empereur!» Malgré cet encouragement l'acclamation n'était pas vive quand Napoléon arriva, entouré de son état-major, pour se rendre à l'Abbaye, un ancien cloître et maintenant le palais du Gouverneur de Zélande.

La municipalité était très blessée par ce traitement indigne et l'humeur de l'Empereur. Elle se réunit dans l'Hôtel de Ville et prit la résolution de rédiger une note empruntée aux annales de la municipalité concernant l'arrivée des Anglais à Middelbourg le 1ᵉʳ août 1809.

Cette note fut expédiée à l'Empereur le même soir de son arrivée, avec la demande d'obtenir une audience. Cette audience fut admise, et le lendemain à dix heures la municipalité se réunit dans l'Hôtel de Ville pour se présenter en corps à l'Empereur.

Dans la salle d'audience de l'Abbaye on trouva Napoléon entouré d'une partie de sa brillante cour.

Après les inclinations ordinaires le maire prononça un discours et se recommanda chaleureusement dans la bienveillance de l'Empereur.

Malheureusement Napoléon critiqua fort la capitulation de Middelbourg dans l'année dernière; alors M. Schorer prit la parole et frappa tous les assistants par la harangue suivante :

«Je sais, Sire, que mon sort est entre vos mains. Vous pouvez faire de moi ce que vous voulez. Je ne crains même pas la mort, après avoir sacrifié mon repos, ma santé et la plus grande partie de ma vie pour l'amour de mes concitoyens. J'en appelle à leur conscience, j'en appelle même à celle des Anglais, s'ils peuvent me prouver de leur avoir été dévoué d'aucune manière, ou d'avoir commis aucun acte préjudiciable aux intérêts de la Hollande ou de la France. Il est vrai que les Hollandais n'aiment pas les Français, mais ils aiment encore moins les Anglais. Ils n'aiment que leur pays, et on les trouvera toujours fidèles au maître qu'on leur donne. C'est à la religion qu'ils doivent ces principes. Au reste je vous déclare, Sire, si d'autre

____

[1] Les Anglais avaient évacué l'île de Walcheren quatre mois auparavant.

nation que les Anglais, si les Anglais mêmes revenaient dans cette ville, je ne saurais faire autre chose, que ce que j'ai fait, c'est-à-dire d'agir en honnête homme. »

Cette harangue consterna Napoléon, et un témoignage du grand maréchal Duroc nous en donne la preuve :

« Jamais encore l'Empereur n'a été harangué de cette manière; jamais encore il n'a dit : « J'ai eu tort. »

Le séjour de Napoléon et de Marie-Louise à Middelbourg fut de quatre jours, que l'Empereur employa à cheval, dès le lever du soleil, à visiter les travaux du port, les fortifications de Flessingue et de Weere, dans l'île de Walcheren.

Le 13 mai, Napoléon, toujours accompagné de l'Impératrice, remonta l'Escaut, ne fit cette fois que traverser Anvers, passa trois jours au château de Lachen, près Bruxelles, parcourut rapidement le trajet de cette ville jusqu'à Paris, où il était de retour le 1er juin 1810.

APPENDICE.

Bréda, le 30 avril 1810.

Monsieur le Bourgmestre,

De retour de mes visites, j'ai reconnu que c'était la maison du Gouvernement qu'était la plus commode pour le logement de leurs Majestés. En conséquence je vous engage à la faire meubler le plus promptement et proprement possible.

J'ai l'honneur de vous saluer.

Le Général Gouverneur de Bréda,
(Signé :) VALÈCHE.

Bréda, le 2 mai 1810.

Le général Valèche, Gouverneur de Bréda, à Monsieur le Bourgmestre
de Bréda.

Voilà bien, mon cher Bourgmestre, les noms des messieurs autant que j'ai pu m'en procurer, qui sont parfaitement à même d'avoir des chevaux et de monter; conséquemment il faut que vous ayez la bonté de les inviter à se réunir à leurs concitoyens qui sont portés de bonne volonté pour former une garde d'honneur [1] à leurs Majestés impériales et royales. Vous

---

[1] Curstein, Rauf les fils, Clarion Mansfeldt, Ingenhousz, Lovyer, Verbeet, de Raadt, Saurman, Emmers, James, Flamen.

n'aurez qu'à vous louer de votre zèle, que cette garde se forme ou non. Vous pourrez dire n'avoir négligé rien. Je vous invite toujours à presser et faire presser les autres préparatifs.

Recevez mes saluts empressés.

(Signé :) Valèche.

———

Anvers, 2 mai 1810.

A Monsieur faisant les fonctions de maire de la ville de Bréda.

J'ai l'honneur de vous prévenir, Monsieur, que sa Majesté l'Empereur et roi sera selon toutes les apparences avant peu en voyage à Bréda. Veuillez faire tous les préparatifs pour offrir à Sa Majesté une réception brillante. Il lui sera sans doute agréable d'apercevoir des arcs de triomphe, des colonnes d'inscription, des décorations extérieures aux maisons des habitants et une illumination générale.

N'oubliez pas, Monsieur, et faites-le sentir à vos concitoyens, que la satisfaction que Sa Majesté peut éprouver de la manière dont elle sera reçue doit influer sur le bonheur futur de votre ville.

Veuillez m'accuser réception de la présente et m'assurer que vous allez prendre de suite les mesures nécessaires pour remplir son objet.

(Signé :) d'Argençon,
préfet du Dép^t des Deux-Nèthes.

———

Bréda, le 4 mai 1810.

Monsieur le Bourgmestre,

Monsieur le Général Gouverneur de Bréda me charge de vous inviter à vouloir bien donner des ordres aux canonniers qui étaient attachés à la garde nationale de cette ville, à se tenir prêts pour être employés lors de l'arrivée de S. M. l'Empereur et Roi aux batteries des remparts de cette place, comme aussi de lui adresser de suite la quantité des canonniers disponibles pour ce service.

J'ai l'honneur d'être avec respect...

(Signé :) Vinchon.

———

Au quartier général à Bréda, le 5 mai 1810.

Le Général Gouverneur.

Monsieur le Bourgmestre,

La maison du Gouvernement étant totalement préparée, je dois en être aussitôt instruit, et la clef doit être déposée chez moi. En conséquence vous voudrez bien donner des ordres à cet effet.

J'ai l'honneur d'être avec considération...

(Signé :) Valèche.

———

Au quartier général à Bréda, le 5 mai 1810.
Le Général Gouverneur.

Messieurs,

Le refus que vous me faites de me délivrer des clefs de la maison que leurs Majestés impériales et royales [vont habiter] est bien seul et bien apprécié (*sic*); je . . . le mettre en évidence. Vous ne vous doutez nullement des raisons puissantes qui m'ont déterminé à cette demande, et vous ne vous rappelez que c'est moi seul qui ai ordonné les préparatifs pour la réception des grands personnages qui vont vous visiter. Je ne suis pas jaloux d'avoir les clefs pour ma satisfaction ; je les voulais pour un motif qui fera le sujet de ma plainte et voulu par ordre de sureté.

J'ai l'honneur d'être avec considération . . .

(*Signé :*) Valèche.

FRAIS DE RÉCEPTION DE SA MAJESTÉ L'EMPEREUR ET ROI À BRÉDA.

Payé au menuisier pour main-d'œuvre et pour meubler la Cour de justice à l'occasion de la réception de S. M. l'Empereur. . . . . fl. 76,16

Payé pour peinture, livraison de charpenterie, des branches de sapin blanc et main-d'œuvre pour les arcs de triomphe. 578,15,12

Payé pour peinture du local dit Kaatsbaan [Jeu de paume]. 300

Payé pour livraison de tapis à la Cour de justice . . . . } 279,58
Payé pour meubler la Cour et main-d'œuvre. . . . . }

Payé pour débours des sonneries de la grande clochette à différentes reprises. 39,6

Payé pour gratification aux cochers et valets. 46,16

Payé pour rafraîchissements pour les membres de la municipalité. 36,8

Payé pour des cartes d'invitation et autres débours. 3,10

Payé pour allumer des réverbères. 2,10

Payé pour frais de voiture pour conduire les dames à la Cour de justice. 10,10

Payé pour direction de la musique à l'église dite Waterstraat. 4,10

Florins. 1374,59,12

270

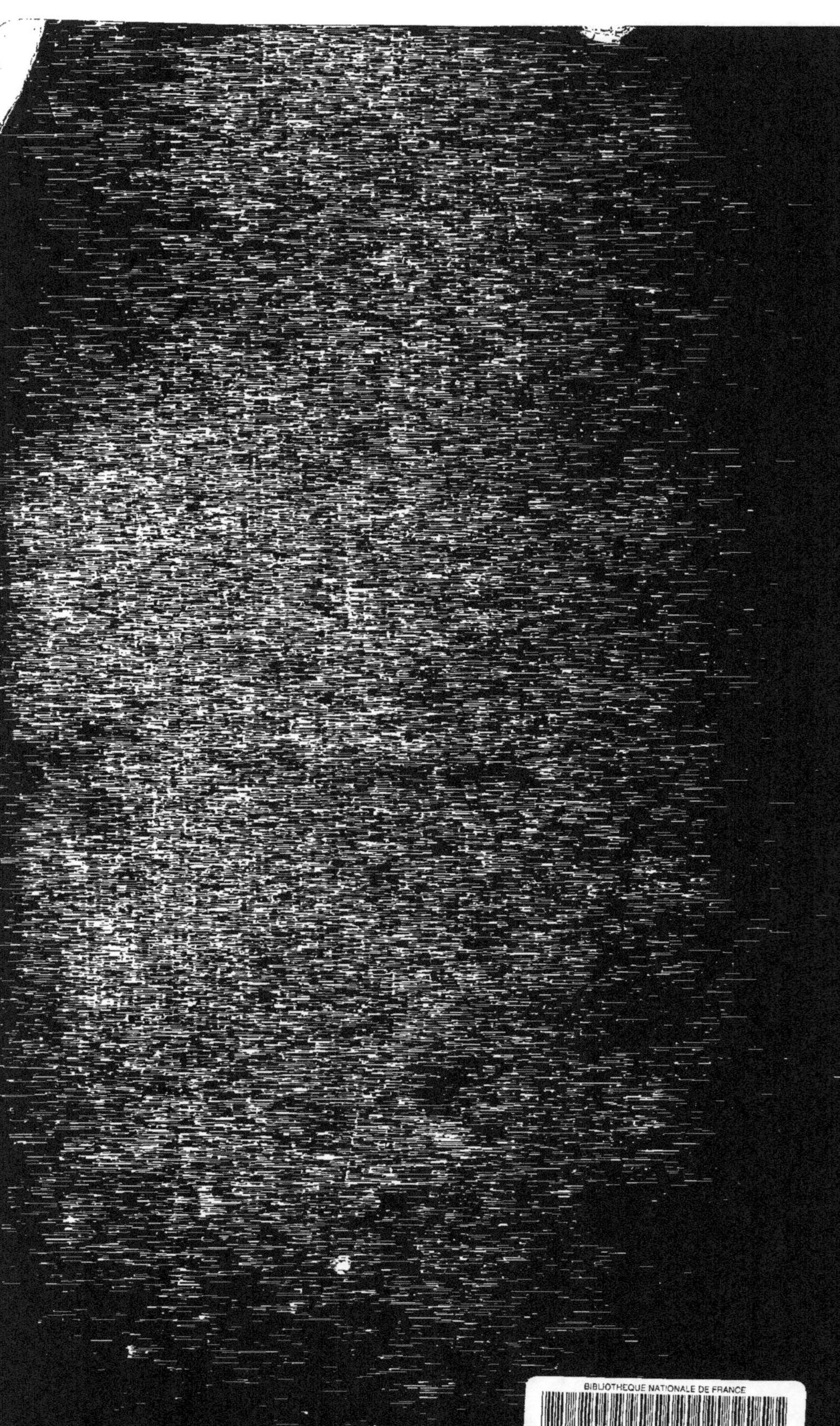